Fisch

AUTORIN: MARTINA KITTLER | FOTOS: MARGARETE JANSSEN

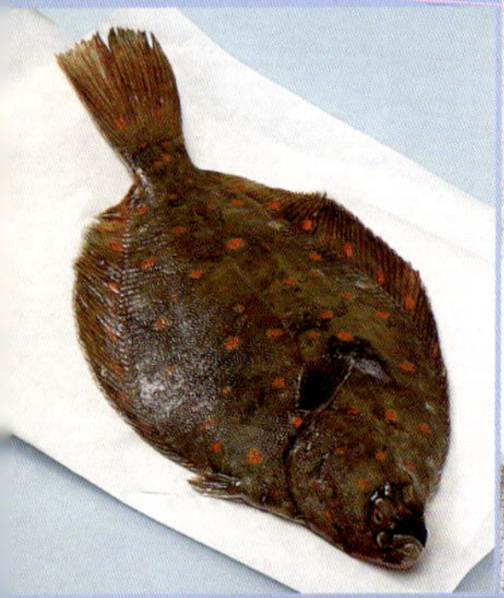

Praxistipps

Extra

Rezepte

10 Kleine Fisch-Freuden

20 Gebraten und frittiert

36 Auf sanfte Tour gegart

48 Gebacken und gegrillt

Fangfrisch auf den Tisch

Fangfrisch auf Eis

Frisch-rote Kiemen

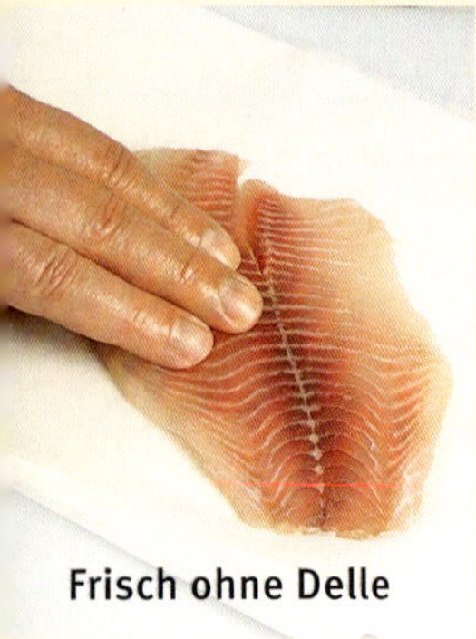

Frisch ohne Delle

Was bei Fischers Fritze vor Jahren noch ein ungläubiges Kopfschütteln hervorgerufen hätte, ist heute selbstverständlich: Appetitlich zwischen zerstoßenem Eis arrangiert, locken die Schätze aus den Meeren und Seen in den Fischauslagen im Supermarkt oder beim Fischhändler. Alles ist frisch und wird im Stück, als Filet oder Kotelett angeboten. Die Vielfalt ist grenzenlos und wird ergänzt durch das reiche Angebot an Tiefkühlware, Räucherfisch und Fischkonserven.

Dank einer weltweit gut funktionierenden Organisation, ausgeklügelter schneller Transportwege und modernster Kühlsysteme ist es möglich, dass sich täglich unsere Fisch-Theken füllen. Zudem sind viele Fische durch Fisch-Farming zu einem erschwinglichen Lieblingsprodukt geworden. Ein ideales Lebensmittel: Weil es uns so gut schmeckt, sich vielseitig zubereiten lässt und die volle Palette an Nähr- und Vitalstoffen bietet, die den Körper fit machen und der Linie gut tun.

Fisch muss allerdings superfrisch sein. Kaufen Sie darum nur bei einem Fischhändler, auf den Sie sich hundertprozentig verlassen können. Am besten fragen Sie, woher er seine Tiere bezieht. Süßwasserfische sollten von einem hochwertigen Zuchtbetrieb stammen, wo sie klares, fließendes Wasser und genügend Lebensraum haben und nicht in Rekordzeit mit Fischmehl hochgepäppelt wurden.

Bei allen Fischen gibt es ein paar einfache, aber sichere Merkmale, um die Frische zu erkennen.

Duft-Probe: Frischer Fisch riecht angenehm frisch, nach Meer und Salz. Strömt er einen »fischigen« Geruch aus, liegt er schon eine Weile. Lassen Sie die Finger davon!

Augen-Kontrolle: Pralle, klare und glänzende Augen sind bei Fisch ein untrügliches Zeichen für Frische. Bei altem Fisch werden sie milchig-trüb.

Kiemen-Test: Sie müssen klar und leuchtend rot sein, nicht fleckig und verklebt.

Haut-Untersuchung: Sie soll eine appetitliche Farbe haben und natürlich glänzen, darf nicht beschädigt sein oder Dellen aufweisen.

Fleisch-Überprüfung: Es muss prall und fest sein, auf Fingerdruck elastisch nachgeben. Auch Fischstücke und Filets müssen glatt und frisch aussehen, dürfen keine angetrockneten oder verfärbten Ränder haben.

Angebot nutzen

Lassen Sie sich beim Einkauf vom Tagesangebot leiten und fragen Sie Ihren Händler, was er morgens frisch bekommen hat – und nehmen Sie's! Lassen Sie sich beraten, falls es einen im Rezept empfohlenen Fisch nicht gibt. Meist hat der Händler eine passende Alternative anzubieten. Im Zweifel greifen Sie ins Tiefkühlfach. Fisch, der dort liegt, wurde garantiert unmittelbar nach dem Fang direkt portioniert oder filetiert und auf Eis gelegt. Wenn Sie häufiger schnell etwas auftischen müssen, sollten Sie eine kleine Auswahl an tiefgekühlten Fischen zu Hause haben: Fischfilets, geschnitten oder als Naturfilets, ganze Fische und Meeresfrüchte. Damit die TK-Ware nicht auftaut: Erst zum Schluss in den Einkaufswagen legen und in einer Kühltasche transportieren. Fischfilets und kleine Fische, die aus der Kälte kommen, brauchen für die Zubereitung nur angetaut zu werden. Sie können die Fische auch langsam im Kühlschrank oder bei Zimmertemperatur auftauen lassen.
Wichtig: Auftauwasser weggießen und aufgetauten Fisch nicht wieder einfrieren. Inzwischen finden Sie auf vielen Packungen von TK-Fisch das Bio-Siegel des Marine Stewardship Council (MSC). Es ist ein Hinweis auf eine anerkannte Organisation, die verantwortungsvolle Fangmethoden unterstützt.

Tipps für den Einkauf

Frischen Fisch sollten Sie möglichst am Einkaufstag, spätestens am Tag danach zubereiten. Bis dahin gehört er, auf einem Porzellanteller mit Klarsichtfolie abgedeckt, in den Kühlschrank. Wollen Sie ihn aufbewahren, frieren Sie ihn sofort nach dem Einkauf ein. Wenn Sie es wünschen, bereitet der Händler den Fisch für Sie küchenfertig zu: entfernt Flossen, Schwanz und Kopf, nimmt den Fisch aus, schuppt oder häutet ihn und löst die Filets ab. Nehmen Sie die Fischabschnitte mit. Damit haben Sie eine gute Basis für Sud, Fond oder Sauce.

Sanfte Behandlung

Fisch braucht nur kurze Zeit zum Garwerden, nimmt Hitze schneller übel als Fleisch. Dünsten, dämpfen oder garen Sie ihn schonend in Folie. Auch pochieren, grillen oder braten ist nicht so schwer, wenn Sie wissen wie.

Pochieren: Fische garen im heißen Sud. Fisch zieht darin knapp unter dem Siedepunkt gar. Niemals sprudelnd kochen, sonst zerfällt sein Fleisch.

Grillen: Damit das Fischfleisch saftig und zart bleibt, den Rost sehr gut einölen und während des Grillens mit Öl oder einer ölhaltigen Marinade bestreichen. Und einen Mindestabstand von 20 cm zu den Grillstäben einhalten.

Braten: Fisch mit Mehl bestäuben oder panieren und nach dem Anbraten in nicht zu heißem Fett in 3–5 Min. pro Seite fertig braten.

Braten im Ofen: Ideale Methode für ganze Fische. Auf dem Blech regelmäßig mit Bratensaft/-fond begießen, damit sie nicht austrocknen.

Frittieren: Eine Hülle aus Ei und Milch oder ein Ausbackteig bilden einen Schutz für Fischstücke, so dass Saft und Aroma nicht entweichen können.

Kleine Fischkunde: Forelle bis Pangasius

Von der Forelle bis zum Zander: Hier lernen Sie die wichtigsten Fische kennen, damit sie sicher in der Fischküche landen.

Dorade oder Goldbrasse ist ein beliebter Mittelmeerfisch. Hat ein festes, saftiges Fleisch mit wenig Gräten. Im Ganzen oder als Filet im Handel.
Geeignet: zum Braten, Grillen, Dünsten im Ofen
Alternativen: Zahn-, Rot-, Meerbrasse, Wolfsbarsch

Forelle Süßwasserfisch mit festem weißem und magerem Fleisch. Verkauft werden vorwiegend gezüchtete Regenbogenforellen. Edler schmecken die wild lebenden Verwandten: Bachforelle, Seeforelle und Meerforelle. Lachsforellen sind Regenbogenforellen mit lachsfarbenem Fleisch.
Geeignet: zum Blaukochen, Braten, Dünsten
Alternativen: Saibling, Renke, Felchen, Maräne

Heilbutt Der größte Plattfisch aus den Nordmeeren ist der weiße Heilbutt mit zartem, magerem Fleisch. Kräftiger schmeckt der schwarze Heilbutt. Wird häufiger angeboten, in Scheiben, als Filet.
Geeignet: zum Pochieren, Dämpfen und Dünsten
Alternativen: Rotbarsch, Kabeljau, Seelachs

Hering Ist kräftig im Geschmack und fettreich. Frisch kommt er als »grüner Hering« auf den Markt. Eine Delikatesse sind Matjes, junge Heringe, die noch nicht gelaicht haben.
Geeignet: frische Heringe zum Braten, Grillen
Alternativen: Sardine, Sardelle

Kabeljau Der Raubfisch aus Nordatlantik und Nordsee wurde durch Überfischung so dezimiert, dass er jetzt rar und teuer ist. Mild schmeckendes, mageres, weißes Fleisch, das beim Garen leicht auseinander fällt. Wird vorwiegend als Filet angeboten, auch Koteletts und Portionsstücke.
Geeignet: zum Braten, Dünsten, Pochieren
Alternativen: Seelachs, Rotbarsch, Schellfisch

Karpfen Fast alle Karpfen im Handel stammen aus Zuchtteichen. Der fast schuppenlose Spiegelkarpfen beherrscht den Markt. Ganz, halbiert oder als Filet im Handel. Mit aromatischem, fettem Fleisch.
Geeignet: zum Blaukochen, Dünsten, Dämpfen
Alternativen: Schleie, Waller (Wels)

Lachs Wildlachs gibt es nur noch selten und ist teuer. Meist wird Zuchtlachs angeboten. Einkaufstipp: Nehmen Sie Bio-Lachs. Sein Fleisch ist muskulös, fettärmer und aromatischer als das seiner konventionell »gefarmten« Artgenossen. Als Filet, Schnitzel, Kotelett oder Schwanzstück erhältlich.
Geeignet: zum Braten, Dünsten, Grillen
Alternative: Lachsforelle

Makrele Schwarmfisch aus dem Nordatlantik und Mittelmeer. Wird frisch und ganz angeboten, häufig geräuchert. Saftiges und fettreiches Fleisch.
Geeignet: zum Braten, Grillen und Schmoren
Alternative: große Sardinen

Pangasius aus der Familie der Welse ist ein Newcomer auf dem Markt. Wird in Aquakulturen in Süd-Vietnam gezüchtet. Die weißen, festen Filets werden frisch oder gefrostet angeboten.
Geeignet: zum Braten, Dünsten, Pochieren
Alternativen: Seezunge, Flussbarsch, Tilapia

Dorade

Forelle

Heilbuttfilet

Hering

Kabeljaufilet

Karpfen

Lachskotelett

Makrele

Pangasius

Kleine Fischkunde: Rotbarsch bis Zander

Rotbarsch kommt aus dem Nordatlantik. Beliebtester Bratfisch mit festem, saftigem, hellrosafarbenem Fleisch. Wegen seiner Stacheln und harten Schuppen wird er meist filetiert angeboten.
Geeignet: zum Braten, Frittieren, Dünsten
Alternativen: Kabeljau, Seelachs, Viktoriabarsch

Schellfisch Verwandter des Kabeljaus, wird vorwiegend im Nordatlantik und in den Nordmeeren angelandet. Hat zartes, sehr mageres Fleisch, das sich beim Garen leicht in einzelne Schalen ablöst. Frisch meist ohne Kopf im Angebot, auch als Filet.
Geeignet: zum Pochieren, Dünsten, Dämpfen
Alternativen: Kabeljau, Seelachs, Heilbutt

Scholle Auch Goldbutt genannt, ist der gefragteste Plattfisch. Wichtigste Fanggründe: Nord- und Ostsee. Er hat saftiges, zartes und fettarmes Fleisch. Als Portionsfisch und filetiert im Handel.
Geeignet: zum Braten, Dünsten, Überbacken
Alternative: Flunder, Seezunge, Steinbutt

Seelachs oder Köhler, ein Kabeljauverwandter und der preiswerteste Frischfisch – ausgeprägt im Aroma und arm an Fett. Sein festes, grau rötliches Fleisch wird als Filet angeboten.
Geeignet: zum Panieren, Braten, Überbacken
Alternativen: Kabeljau, Rotbarsch, Schellfisch

Tilapia Sammelname für etwa 1000 verschiedene Buntbarsche aus tropischen und subtropischen Gewässern. Die in Aquakulturen gezüchteten Fische sind bei uns (noch) Exoten. Das feste, meist weiße, grätenlose Fleisch schmeckt nussig und mild. Tilapia gibt es in erster Linie frisch als Filet.
Geeignet: zum Braten, Grillen, Kochen, Dünsten
Alternativen: Viktoriabarsch, Pangasius

Tintenfische Eigentlich keine Fische, sondern Kopffüßer. Je kleiner, desto zarter und wohlschmeckender sind sie: die Sepia mit kugelig-rundem Körper, der langgestreckte Kalamar und der achtarmige Oktopus oder Krake. Gibt es meist küchenfertig geputzt, frisch oder tiefgekühlt.
Geeignet: zum Braten, Grillen, Schmoren, Frittieren

Tunfisch Wanderfisch aus der Makrelenfamilie, in allen Meeren zu Hause. Sein dunkelrotes, festes und grätenloses Fleisch erinnert im Geschmack an Kalbfleisch. Ist als Filet oder Kotelett erhältlich.
Geeignet: zum Grillen, Braten, für Ofengerichte
Alternative: Schwertfisch

Viktoriabarsch Süßwasserfisch aus dem Viktoriasee in Zentralafrika, die Bestände sind überfischt. Nach dem Fang wird er sofort filetiert und frisch oder gefrostet über den Flugweg in den Handel gebracht. Rötliches, festes Fleisch.
Geeignet: zum Braten, Grillen, Dünsten
Alternativen: Flussbarsch, Rotbarsch

Zander Sein Fleisch ist mager, zart, fest, fein schmeckend und fast grätenfrei. Er wird preiswert angeboten, im Ganzen oder filetiert.
Geeignet: zum Braten, Dünsten, Dämpfen
Alternativen: Forelle, Flussbarsch

Rotbarschfilet

Schellfisch

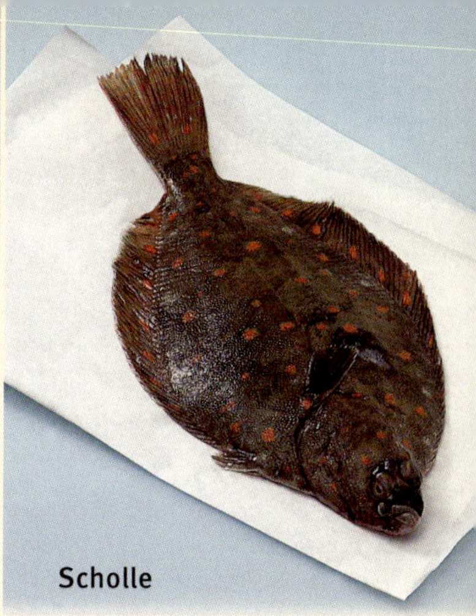
Scholle

Seelachsfilet

Tilapia

Tintenfische

Tunfischfilet

Viktoriabarschfilet

Zander

Kleine Fisch-Freuden

Ich liebe Linsen in Salaten, und so kombiniere ich sie spontan mit Möhren, Tomaten und Orange. Dazu nehme ich noch ein paar Garnelen, die gebraten süßlich schmecken, würze mit etwas Kreuzkümmel und Paprikapulver und stelle meinen neuen Favoriten vor: einen bunten Salat mit leicht arabischem Touch.

Linsensalat mit Orangen und Garnelen

1 große Möhre
200 g Berglinsen
Salz | Pfeffer
200 g rohe geschälte Riesengarnelen (frisch oder TK)
1 Bio-Orange
4 EL Olivenöl
1 TL rosenscharfes Paprikapulver
2 Tomaten
½ Bund Petersilie
2 EL Weißweinessig
½ TL gemahlener Kreuzkümmel

Für 4 Personen | 1 Std. Zubereitung
Pro Portion ca. 330 kcal, 22 g EW, 13 g F, 32 g KH

1 Möhre schälen und klein würfeln. Linsen waschen und mit ½ l Wasser aufkochen lassen. Salzen und pfeffern und 30 Min. offen köcheln lassen.

2 Garnelen waschen und trockentupfen. Orange waschen, abtrocknen und 1 TL Orangenschale abreiben. Mit 1 EL Öl und Paprikapulver verrühren. Garnelen damit beträufeln. Orange schälen, Filets herausschneiden, abtropfenden Saft auffangen. Tomaten waschen und achteln. Petersilie waschen und trockenschütteln, die Blättchen hacken. Für die Sauce aufgefangenen Orangensaft mit Essig, Salz, Pfeffer, Kreuzkümmel und übrigem Öl verquirlen.

3 Linsen abgießen, mit Sauce, Orangen- und Tomatenstücken sowie Petersilie vermischen. Eine Pfanne erhitzen, darin Garnelen mit der Marinade 2–3 Min. anbraten, salzen und auf dem Salat anrichten.

herzhaft | gut vorzubereiten

Roter Heringssalat

Klassisch gut und immer ein gern gesehener Leckerbissen.

8 Bismarckheringsfilets (250–300 g)
300 g gekochte Rote Bete (Kühlregal)
300 g Pellkartoffeln
3 kleine Gewürzgurken
1 Zwiebel
1 säuerlicher Apfel (z. B. Braeburn)
4 EL Salatmayonnaise
2 EL Weißweinessig
Salz | Pfeffer
1 Prise Zucker
1 Bund Dill

Für 4 Personen
25 Min. Zubereitung | 4 Std. Marinieren
Pro Portion ca. 310 kcal, 15 g EW, 19 g F, 20 g KH

1 Die Heringsfilets trockentupfen und in 2 cm breite Stücke schneiden. Rote Bete würfeln. Pellkartoffeln pellen und mit den Gurken in nicht zu kleine Würfel schneiden. Zwiebel schälen und fein hacken. Apfel waschen, abtrocknen und vierteln, entkernen und in kleine Stücke schneiden.

2 Die Mayonnaise mit Essig, Salz, Pfeffer und Zucker verrühren. Die vorbereiteten Zutaten unterheben und alles gut vermischen. Zugedeckt 4 Std., besser über Nacht, ziehen lassen. Vor dem Servieren den Dill waschen, hacken und untermischen.

TIPP

Den Salat nach Belieben mit etwas Gurkenflüssigkeit aus dem Glas abschmecken.

leicht | raffiniert

Frühlings-Fisch-Salat

Die perfekte Zwischenmahlzeit: frisch, knackig und im Nu fertig.

400 g Fischfilet (z. B. Pangasius oder Kabeljau)
Salz | Pfeffer
2 Frühlingszwiebeln
300 g junge Möhren
1 junger Kohlrabi (etwa 300 g)
200 g Zuckerschoten
3 EL Olivenöl | 1/4 l Gemüsebrühe
2 EL Weißweinessig
4 EL Schmand
2 Stängel Basilikum

Für 4 Personen | 30 Min. Zubereitung
Pro Portion ca. 275 kcal, 30 g EW, 16 g F, 31 g KH

1 Fischfilet trockentupfen, in Streifen schneiden, salzen und pfeffern. Frühlingszwiebeln waschen, putzen, winzig klein würfeln und mit dem Fisch vermischen. Möhren und Kohlrabi putzen, schälen und in dünne Scheiben schneiden. Zuckerschoten waschen, putzen und halbieren.

2 In einer beschichteten Pfanne 2 EL Öl erhitzen. Fisch und Frühlingszwiebeln darin bei mittlerer Hitze 2–3 Min. braten, herausnehmen. Brühe in die Pfanne gießen, Gemüse zufügen und zugedeckt bei mittlerer Hitze in 5–7 Min. bissfest dünsten. Gemüse herausheben und abtropfen lassen.

3 Fisch und Gemüse anrichten. Dünstflüssigkeit in 1–2 Min. einkochen lassen. Essig, Salz, Pfeffer und übriges Öl unterrühren. Sauce über den Salat träufeln. Mit je 1 EL Schmand und Basilikum garnieren.

oben: Roter Heringssalat | unten: Frühlings-Fisch-Salat

knackig | mildwürzig

Gefüllter Chicorée mit Forellenfilet

2 Chicorée | 1 Apfel | 2 EL Zitronensaft | 200 g Räucherforellenfilet | 1 Bund Dill | 150 g Crème fraîche | 2 EL saure Sahne | Salz | Pfeffer

Für 4 Personen | 30 Min. Zubereitung
Pro Portion ca. 280 kcal, 14 g EW, 18 g F, 8 g KH

1 Den Chicorée putzen und 12 schöne Blätter vom Strunk abschneiden. Apfel waschen, abreiben, ungeschält vierteln, entkernen und klein würfeln. Mit dem Zitronensaft vermischen. Forellenfilet in kleine Stücke schneiden. Dill waschen, trockenschütteln, abzupfen und hacken. Hälfte davon mit den Forellenstücken unter die Apfelwürfel heben.

2 Crème fraîche, saure Sahne, Salz, Pfeffer und übrigen Dill verrühren. Die Creme in die Chicoréeblätter füllen und die Forellen-Apfel-Mischung darauf verteilen.

für Gäste | frisch im Frühling

Räucherlachstatar

400 g weißer Spargel | Salz | Pfeffer | 300 g Räucherlachs | 3 Frühlingszwiebeln | 1 TL Dijon-Senf | 2 EL Zitronensaft | 4 EL Olivenöl | 100 g Rucola | 200 g Kirschtomaten | 2 EL Essig | 1 Prise Zucker

Für 4 Personen | 35 Min. Zubereitung
Pro Portion ca. 350 kcal, 23 g EW, 27 g F, 3 g KH

1 Spargel putzen, schälen, längs halbieren, dann schräg in Stücke schneiden. In Salzwasser 4 Min. kochen, abgießen (4 EL Spargelwasser auffangen!) und abtropfen lassen. Räucherlachs sehr fein hacken. Frühlingszwiebeln waschen, putzen und winzig klein würfeln. Mit Lachs, Senf, Salz, Pfeffer, Zitronensaft und 2 EL Öl mischen.

2 Rucola putzen. Tomaten waschen und halbieren. Rucola, Tomaten und Spargel anrichten. Essig, Salz, Pfeffer, Zucker, 4 EL Spargelsud und übriges Öl verrühren, über den Salat träufeln. Vom Lachstatar Nocken abstechen und auf den Salat setzen.

raffiniert | ganz einfach

Tomaten mit Speck-Schollen-Füllung

8 mittelgroße Tomaten | 250 g Schollenfilets | Salz | Pfeffer | 1 EL Zitronensaft | ½ Bund Petersilie | 60 g Bacon (Frühstücksspeck)

Für 4 Personen | 40 Min. Zubereitung
Pro Portion ca. 150 kcal, 16 g EW, 9 g F, 1 g KH

1 Tomaten waschen, einen flachen Deckel abschneiden, Tomaten aushöhlen.

2 Backofen auf 200° vorheizen. Fischfilets waschen, trockentupfen und fein würfeln. Mit Salz, Pfeffer und Zitronensaft würzen. Petersilie waschen und trockenschütteln, die Blättchen hacken. Bacon klein würfeln und in einer Pfanne kross ausbraten. Speck, Petersilie und Fischwürfel vermischen. Tomaten damit füllen und in eine Gratinform setzen. Tomatendeckel auflegen. Im Ofen (Mitte, Umluft 180°) in 12–15 Min. garen. Dazu passt Feldsalat mit Essig-Öl-Marinade.

asiatisch | fürs Büfett

Reispapierröllchen

200 g Tunfischfilet | Salz | Pfeffer | 1 rote Paprikaschote | 100 g Champignons | 2 Frühlingszwiebeln | 4 Stängel Petersilie | 2 EL Öl | 2 EL Teriyaki-Sauce (Asienregal) | 12 Reispapierblätter | süßsaure Chilisauce

Für 4 Personen | 40 Min. Zubereitung
Pro Portion ca. 230 kcal, 12 g EW, 14 g F, 14 g KH

1 Tunfisch in dünne Streifen schneiden, salzen und pfeffern. Paprikaschote, Pilze und Frühlingszwiebeln waschen, putzen und klein schneiden. Petersilie waschen, die Blätter abzupfen. Öl erhitzen. Fisch darin 2–3 Min. braten, herausnehmen. Gemüse im übrigen Bratfett unter Wenden 3 Min. braten. Mit Teriyaki-Sauce, Salz und Pfeffer würzen. Vom Herd nehmen, den Fisch untermischen.

2 Reisblätter nacheinander in kaltem Wasser ½ Min. einweichen, auf feuchten Tüchern ausbreiten. Je 1 EL Füllung und Petersilie darauf verteilen. Reispapier einrollen. Chilisauce dazu reichen.

1

2

3

4

5

gästefein | macht was her

Graved Lachs mit Senf-Dill-Sauce

Schwedenfans aufgepasst: Hausgebeizter Lachs mit feiner Sauce macht wenig Arbeit, aber bei Gästen großen Eindruck.

Für den Fisch

2 gleich große frische Lachsfilets mit Haut (etwa 1 kg, aus dem Mittelteil geschnitten)
2 TL weiße Pfefferkörner
2 EL grobes Meersalz
2 EL Zucker
2 Bund Dill

Für die Sauce

2 EL Dijon-Senf
2 EL Weißweinessig
1 EL Zucker
6 EL Öl
Salz | Pfeffer
½ Bund Dill

Für 8 Personen
30 Min. Zubereitung | 2 Tage Marinieren
Pro Portion ca. 345 kcal, 25 g EW, 26 g F, 3 g KH

1 Lachsfilets trockentupfen, eventuell Gräten entfernen. Pfefferkörner leicht zerstoßen, mit Salz und Zucker mischen. Filets damit einreiben (Bild 1).

2 Ein Lachsfilet mit der Hautseite nach unten in eine flache Form legen. Dill waschen, trockenschütteln und mit den Stielen grob hacken. Zwei Drittel davon auf den Lachs in der Form streuen. Zweites Lachsfilet mit der Haut nach oben auf das erste Filet legen (Bild 2). Übrigen Dill darüber streuen.

3 Den Fisch zuerst mit Frischhalte-, dann mit Alufolie abdecken. Darauf ein passendes Brett legen und mit vollen Konservendosen beschweren (Bild 3). Lachs im Kühlschrank 2 Tage ziehen lassen, zwischendurch zweimal wenden, ohne die Filets voneinander zu trennen. Mit angesammelter Lake begießen.

4 Vor dem Servieren für die Sauce Senf, Essig, Zucker und Öl verrühren, salzen und pfeffern. Dill waschen, trockenschütteln, hacken, untermischen.

5 Lachsfilets aus der Form nehmen und trockentupfen, dabei Dill und Gewürze abstreifen. Mit einem scharfen, langen Messer (am besten mit einem speziellen Lachsmesser) schräg zur Faser in hauchdünnen Scheiben von der Haut abschneiden (Bild 4) und mit der Senf-Dill-Sauce anrichten. Dazu passt Stangenweißbrot oder Kartoffelpuffer.

VARIANTE – ASIA-GRAVED-LACHS

2 EL grobes Meersalz, 2 EL zerstoßene Koriander- und 1 EL zerdrückte weiße Pfefferkörner sowie 2 EL braunen Zucker mischen. 20 g frischen Ingwer schälen und sehr fein würfeln. Lachsfilets mit Gewürzen und Ingwer einreiben, mit je 1 Bund gehacktem Koriandergrün und Petersilie bestreuen. Beizen, wie im Rezept beschrieben. Für die Sauce 1 Bund Koriandergrün waschen, trockenschütteln und hacken. Mit 200 g saurer Sahne, Salz, Pfeffer, 3 EL Limettensaft und 1 TL abgeriebener Limettenschale sowie 1 Prise braunem Zucker verrühren.

GUT ZU WISSEN

In Pergamentpapier gewickelt hält sich Graved Lachs im Kühlschrank bis zu einer Woche.

handfester Snack | gut vorzubereiten

Seelachs-Burger mit Tomaten

Machen Sie Ihre Mittagspause oder Ihren Imbiss zum Geschmackserlebnis: mit einem Brötchen, belegt mit einer herzhaften Frikadelle, Tomaten und Salat.

300 g Seelachsfilet
4 EL Öl
1 EL Zitronensaft
Salz | Pfeffer
30 g Semmelbrösel
1 kleines Eiweiß
4 Hamburgerbrötchen
4 große Salatblätter
2 kleine Strauchtomaten
8 TL Salatmayonnaise
Mehl zum Wenden

Für 4 Personen | 1 Std. Zubereitung
Pro Portion ca. 360 kcal, 19 g EW, 19 g F, 28 g KH

1 Das Fischfilet waschen, trockentupfen und in kleine Würfel schneiden. Mit 1 EL Öl und dem Zitronensaft im Mixer oder mit dem Pürierstab fein pürieren. Mit Salz und Pfeffer würzen, Semmelbrösel und Eiweiß dazugeben und alles zu einem glatten Teig verarbeiten. Mit angefeuchteten Händen 4 flache Burger formen und im Mehl wenden.

2 Das übrige Öl in einer großen Pfanne erhitzen, die Burger darin auf beiden Seiten in 8–10 Min. goldbraun braten.

3 Inzwischen die Brötchen durchschneiden, nach Packungsangabe im Ofen (Mitte) oder Mikrowelle leicht erwärmen. Salatblätter waschen, trockenschütteln und putzen, eventuell grob zerpflücken. Tomaten waschen und quer zum Blütenansatz in Scheiben schneiden.

4 Beide Brötchenhälften mit je 1 TL Mayonnaise bestreichen und die untere Hälfte mit je 1 Salatblatt belegen. Je einen Fischburger darauf setzen und mit Tomatenscheiben belegen. Den Brötchendeckel auflegen.

TIPP – ZUM MITNEHMEN

Die Burger in Brotpapier wickeln und für die Mittagspause mit ins Büro nehmen. Oder den Kids als abwechslungsreiche Brotzeit in die Schule mitgeben.

VARIANTE – FISCHBÄLLCHEN MIT TOMATENSAUCE

Für 4 Personen die Fischfarce wie im Rezept oben zubereiten, zusätzlich mit 1 TL getrocknetem Oregano und ½ TL rosenscharfem Paprikapulver würzen. Daraus mit feuchten Händen 2½ cm große Bällchen formen. In einer großen Pfanne 2 EL Olivenöl erhitzen, die Bällchen darin rundherum in 10 Min. hellbraun braten. Inzwischen 1 Zwiebel und 1 Knoblauchzehe schälen, fein würfeln und in 1 EL Olivenöl andünsten. 2 EL Tomatenmark, 1 Dose stückige Tomaten (425 g Inhalt) dazugeben, aufkochen und bei mittlerer Hitze 5 Min. offen einkochen lassen. Mit Salz und Pfeffer abschmecken. Die Tomatensauce zu den Fischbällchen servieren, mit ½ Bund gehackter Petersilie bestreuen.

Gebraten und frittiert

Ich teile mit den Chinesen ihre Vorliebe für pfannengerührtes Gemüse und mit den Japanern die für Tempura, einen Backteig. Wird Fisch darin ausgebacken und als Überraschungspäckchen auf knackigem Gemüse serviert, entsteht daraus ein erstaunlicher Leckerbissen – knusprig und zart, mild und salzig zugleich.

Knusperfisch auf Asia-Gemüse

350 g Heilbutt- oder Karpfenfilets
1 EL Zitronensaft
Salz | Pfeffer
75 g Mehl
75 g Speisestärke
1 rote Paprikaschote
3 Frühlingszwiebeln
125 g Zuckerschoten | 2 EL Öl
150 g Mungobohnensprossen
3 EL Sojasauce
Öl zum Frittieren

Für 2 Personen | 40 Min. Zubereitung
Pro Portion ca. 745 kcal, 20 g EW, 31 g F, 94 g KH

1 Fisch waschen, abtrocknen und würfeln. Mit Zitronensaft beträufeln, salzen und pfeffern. Mehl und Speisestärke mischen, nach und nach 200 ml eiskaltes Wasser unterrühren, den Tempurateig salzen.

2 Gemüse waschen und putzen. Paprikaschote in Streifen, Frühlingszwiebeln in Stücke schneiden, Zuckerschoten halbieren. In einem Wok 2 EL Öl erhitzen. Paprikastreifen darin 2 Min. pfannenrühren, Zuckerschoten und Frühlingszwiebeln dazugeben, 2 Min. unter Wenden mitbraten. Sprossen unterheben, bei starker Hitze 1 Min. mitbraten. Mit Sojasauce, Salz und Pfeffer würzen.

3 Gleichzeitig Öl zum Frittieren erhitzen. Fisch durch den Teig ziehen, portionsweise im heißen Öl knusprig backen. Auf Küchenpapier legen. Gemüse auf Teller geben, Knusperfisch obendrauf legen.

UND DAZU?
Weißer Reis und ein helles Bier

kleiner Luxus für alltags

Lachs-Spinat-Pfanne

Feiner Genuss aus einer einzigen Pfanne – und ganz einfach zu machen.

500 g Lachsfilet (ohne Haut)
1 große rote Paprikaschote
200 g zarter Blattspinat
1 Zwiebel | 1 Knoblauchzehe
2 EL Olivenöl
Salz | Pfeffer
¼ l Fisch- oder Gemüsefond (Glas)
2 TL Speisestärke | 200 g Sahne
1–2 TL Zitronensaft

Für 4 Personen | 45 Min. Zubereitung
Pro Portion ca. 495 kcal, 28 g EW, 40 g F, 6 g KH

1 Lachs waschen, trockentupfen und in mundgerechte Stücke schneiden. Paprikaschote waschen, halbieren, putzen und in kleine Würfel schneiden. Spinat waschen, verlesen, dabei harte Stiele entfernen. Spinatblätter grob hacken. Zwiebel und Knoblauch schälen und fein würfeln.

2 Das Öl in einer beschichteten Pfanne erhitzen. Lachs darin 2–3 Min. braten, salzen und pfeffern und warm stellen. Zwiebel, Knoblauch und Paprikawürfel im übrigen Bratfett 3 Min. dünsten. Fond mit Stärke verrühren und mit Sahne unterrühren. Sauce mit Salz, Pfeffer und Zitronensaft würzen, bei mittlerer Hitze in 5 Min. einkochen lassen. Spinat und Lachs zugeben, zugedeckt 3 Min. ziehen lassen.

VARIANTE

300 g gekochte Penne-Nudeln mit 100 g halbierten Kirschtomaten zum Schluss unterheben.

kalorienarm | preiswert

Rotbarsch-Gurkengemüse

Delikat und leicht: zarter Fisch und frische Gurke in milder Senfcreme.

600 g Rotbarschfilet
Salz | Pfeffer
2 Salatgurken (je etwa 500 g)
2 EL Butter
4 TL Mehl
¼ l Gemüsebrühe
150 g Crème fraîche
3 TL körniger Senf
1–2 TL Zitronensaft
1 Bund Dill
100 g Shrimps

Für 4 Personen | 40 Min. Zubereitung
Pro Portion ca. 420 kcal, 35 g EW, 26 g F, 9 g KH

1 Fischfilet waschen, trockentupfen und in 2½ cm große Stücke schneiden, salzen und pfeffern. Gurken schälen, halbieren und entkernen, Gurkenfleisch quer in 1 cm breite Stücke schneiden.

2 1 EL Butter in einer Pfanne erhitzen, Fisch darin 2–3 Min. braten, zwischendurch wenden, herausheben und warm stellen. Übrige Butter in der Pfanne erhitzen und die Gurkenstücke darin 2–3 Min. dünsten. Mehl darüber stäuben und kurz mitbraten. Brühe angießen, Crème fraîche und Senf einrühren und unter Rühren aufkochen lassen. Zugedeckt bei mittlerer Hitze 8 Min. schmoren. Mit Salz, Pfeffer und Zitronensaft abschmecken.

3 Dill waschen, trockenschütteln und hacken. Mit Fisch und Shrimps unterheben, alles kurz erhitzen.

oben: Lachs-Spinat-Pfanne | unten: Rotbarsch-Gurkengemüse

klassisches Lieblingsessen

Panierte Rotbarschfilets

4 Rotbarschfilets (je etwa 180 g) | Saft von ½ Zitrone| 2 Eier | Salz | Pfeffer | 3 EL Mehl | 5–6 EL Semmelbrösel | 4 EL Butterschmalz | 1 Bio-Zitrone

Für 4 Personen | 40 Min. Zubereitung
Pro Portion ca. 390 kcal, 39 g EW, 20 g F, 15 g KH

1 Fisch mit Küchenpapier trockentupfen. Mit Zitronensaft beträufeln und 5 Min. ruhen lassen. Eier verquirlen. Filets salzen und pfeffern, erst in Mehl wenden, dann durch die Eier ziehen und in Semmelbröseln wenden. Die Panade etwas andrücken.

2 Butterschmalz in einer großen Pfanne erhitzen, Filets auf jeder Seite bei mittlerer Hitze in 3–4 Min. goldbraun braten. Zitrone waschen und in Spalten schneiden. Fisch mit Zitronenspalten servieren.

UND DAZU?
Kartoffelsalat und Gurkensalat mit Dill, beide mit einer Essig-Öl-Sauce angemacht.

mit Schärfekick | preiswert

Seelachsfilets in Meerrettichkruste

4 Seelachsfilets (je etwa 180 g) | 2 EL Zitronensaft | Salz | Pfeffer | 2 EL geriebener Meerrettich (Glas) | 2 Eier | 3 EL Mehl | 5–6 EL Vollkorn-Semmelbrösel | 3 EL Öl | 1 EL Butter

Für 4 Personen | 30 Min. Zubereitung
Pro Portion ca. 350 kcal, 39 g EW, 16 g F, 12 g KH

1 Die Fischfilets mit Küchenpapier trockentupfen. Mit Zitronensaft beträufeln, salzen und pfeffern, von beiden Seiten dünn mit Meerrettich bestreichen. Eier verquirlen. Fisch erst in Mehl wenden, dann durch die Eier ziehen und in den Semmelbröseln wenden. Die Panade etwas andrücken.

2 Öl und Butter in einer großen beschichteten Pfanne erhitzen. Fischfilets darin auf jeder Seite bei mittlerer Hitze in 3–4 Min. goldbraun braten. Dazu passt Apfel-Kartoffelpüree mit Staudensellerie.

raffiniert | mediterran

Knusprige Polenta-Schollenfilets

750 g Schollenfilets | Saft von 1 Zitrone | Salz | Pfeffer | 8 EL Polentagrieß | Cayennepfeffer | je ½ TL getrockneter Oregano und Thymian | 2 Eier | 2 EL Milch | 4 EL Olivenöl

Für 4 Personen | 30 Min. Zubereitung
Pro Portion ca. 385 kcal, 37 g EW, 19 g F, 15 g KH

1 Die Fischfilets mit Zitronensaft, Salz und Pfeffer würzen. Polenta mit 1 Messerspitze Cayennepfeffer, Oregano und Thymian mischen. Eier und Milch verquirlen. Fischfilets erst durch die Eiermilch ziehen, dann in der Polentamischung wenden. Die Panade fest andrücken.

2 Öl in einer großen Pfanne mittelstark erhitzen. Fischfilets darin auf jeder Seite 3–4 Min. braten.

UND DAZU?
Ratatouille oder ein gemischter Salat

Freitagsfisch sonntagsfein

Kräuter-Mandel-Kabeljau

4 Kabeljaufilets (je etwa 150 g) | 2 EL Zitronensaft | je 1 Bund Dill und Petersilie | 120 g fein gemahlene Mandeln | 2 Eiweiße | Salz | Pfeffer | 3 EL Mehl | 30 g Butter

Für 4 Personen | 30 Min. Zubereitung
Pro Portion ca. 360 kcal, 31 g EW, 23 g F, 8 g KH

1 Fisch mit Küchenpapier abtrocknen, mit Zitronensaft beträufeln und ziehen lassen. Dill und Petersilie waschen und trockenschütteln, die Blättchen sehr fein hacken. Mit Mandeln mischen.

2 Die Eiweiße verquirlen. Fischfilets salzen und pfeffern, erst in Mehl wenden, dann durch das Eiweiß ziehen und in der Mandel-Mischung wenden.

3 Die Butter in einer großen beschichteten Pfanne zerlassen und die Fischfilets darin bei mittlerer Hitze auf jeder Seite in 3–4 Min. goldbraun braten.

UND DAZU?
Pellkartoffeln und ein grüner Salat oder Chicoréesalat

Klassiker | geht schnell

Finkenwerder Scholle

Eines der beliebtesten Gerichte der norddeutschen Fischküche.

2 Zitronen (eine davon Bio-Ware)
4 küchenfertige Schollen (je etwa 400 g)
150 g durchwachsener Räucherspeck
Salz | Pfeffer
1 EL Butterschmalz
1 Bund Petersilie
Mehl zum Wenden

Für 4 Personen | 30 Min. Zubereitung
Pro Portion ca. 410 kcal, 47 g EW, 24 g F, 1 g KH

1 Den Saft von 1 Zitrone auspressen. Schollen waschen, mit Küchenpapier trockentupfen und mit Zitronensaft beträufeln, 10 Min. ziehen lassen.

2 Speck klein würfeln. Schollen trockentupfen, salzen und pfeffern, beide Seiten in Mehl wenden.

3 Butterschmalz in einer großen Pfanne erhitzen, Speckwürfel darin ausbraten. Mit einer Schaumkelle aus der Pfanne heben und beiseite stellen. Schollen nacheinander im heißen Speckfett auf jeder Seite in 4–5 Min. goldbraun braten. Auf einer Platte warm halten.

4 Bio-Zitrone waschen, in Scheiben oder Spalten schneiden. Petersilie waschen, trockenschütteln, die Blättchen hacken. Speck im Bratfett erhitzen, über die Schollen geben. Petersilie darüber streuen, mit Zitronenscheiben oder -spalten servieren.

UND DAZU?
Kartoffelsalat oder ein grüner Salat

herzhaftes Fischerfrühstück

Pannfisch

Ein Hauch Nordküste in Ihrer Pfanne: mit Pellkartoffeln und Bratfisch.

500 g Fischfilet (z. B. Kabeljau, Rotbarsch)
2 EL Zitronensaft
Salz | Pfeffer
2 große Zwiebeln
750 g Pellkartoffeln
4 Eier | ⅛ l Milch
2 TL mittelscharfer Senf
1 Bund Dill
1 EL Öl | 1 EL Butter

Für 4 Personen | 45 Min. Zubereitung
Pro Portion ca. 370 kcal, 33 g EW, 14 g F, 28 g KH

1 Fisch waschen, trockentupfen und in mundgerechte Stücke schneiden. Mit Zitronensaft beträufeln und salzen. Zwiebeln schälen und hacken. Kartoffeln pellen und in Scheiben schneiden. Eier mit Milch und Senf verquirlen. Dill waschen, trockenschütteln, hacken und die Hälfte untermischen.

2 Öl in einer großen Pfanne erhitzen. Fisch darin bei mittlerer Hitze 5 Min. anbraten, herausnehmen und warm stellen. Butter in der Pfanne erhitzen, Zwiebeln darin glasig dünsten. Kartoffeln dazugeben und in 5 Min. goldbraun braten, salzen und pfeffern. Fischstücke auf die Kartoffeln legen. Eiermilch darüber gießen und zugedeckt in 3–5 Min. stocken lassen. Mit übrigem Dill bestreut servieren.

UND DAZU?
Grüner Blattsalat mit Essig-Öl-Sauce

oben: Pannfisch | unten: Finkenwerder Scholle

asiatisch | schnell gewirbelt

Kohlrabi-Möhren-Wok mit Viktoriabarsch

Leichte China-Küche: mit viel Gemüse, Ingwer, Sojasauce und pfannengerührtem Fisch. Das schmeckt und kommt auch bei Kindern gut an.

600 g Viktoriabarschfilet
5–6 EL helle Sojasauce
4 EL Öl
2 Knoblauchzehen
1 Stück frischer Ingwer (ca. 2 cm)
1 Bund Frühlingszwiebeln
2 zarte Kohlrabi (etwa 400 g)
400 g junge Möhren
⅛ l Hühnerbrühe (Instant)
1 gehäufter TL heller Saucenbinder
Salz | Pfeffer

Für 4 Personen | 45 Min. Zubereitung
Pro Portion ca. 360 kcal, 34 g EW, 16 g F, 19 g KH

1 Das Fischfilet waschen, trockentupfen und quer zur Faser in etwa 2 cm breite Streifen schneiden, diese einmal halbieren. Für die Marinade 4 EL Sojasauce und 1 EL Öl verrühren. Knoblauch und Ingwer schälen, beides fein würfeln und untermischen. Die Fischstücke in der Marinade 20 Min. ziehen lassen.

2 Inzwischen die Frühlingszwiebeln waschen, putzen und das Weiße und Grüne getrennt in feine Ringe schneiden. Kohlrabi und Möhren putzen und schälen. Kohlrabi vierteln, die Viertel erst in Scheiben und diese in Würfel schneiden. Möhren in feine Stifte schneiden. Den Fisch in einem Sieb abtropfen lassen, die Marinade dabei auffangen und mit der Brühe und dem Saucenbinder verrühren.

3 In einem Wok oder einer breiten Pfanne 2 EL Öl erhitzen, Fisch darin portionsweise 3 Min. anbraten, herausnehmen und warm halten. Übriges Öl in den den Wok geben und stark erhitzen. Das Weiße der Frühlingszwiebeln, Möhren und Kohlrabi darin unter ständigem Rühren 3–4 Min. pfannenrühren.

4 Die angerührte Marinade dazugießen, bei starker Hitze aufkochen und 2–3 Min. köcheln lassen. Die Fischstücke dazugeben, mit Sojasauce, Salz und Pfeffer würzen. Mit dem Grün der Frühlingszwiebeln bestreuen.

UND DAZU?

Weißer Patnareis

WÜRZ-VARIANTEN

Für die Marinade 2 EL Sojasauce durch Reiswein oder trockenen Sherry (Fino) ersetzen – falls keine Kinder mitessen. Die Würzsauce zusätzlich mit 1 TL Sesamöl aromatisieren. Zum Schluss das Ganze noch mit Korianderblättchen bestreuen.

VARIANTE – GEMÜSEBRATREIS MIT FISCH

Für 4 Personen 250 g Reis nach Packungsanweisung in Salzwasser garen. Kurz vor Ende der Garzeit zum Gemüse in den Wok geben und kurz mitbraten. Den Fisch zugeben und vorsichtig unterheben.

Klassiker | sensationell leicht

Gebratene Forelle mit Basilikum-Joghurt-Schaum

Zur Sensation wird eine schlicht gebratene Forelle, wenn Sie sie mit der Light-Version einer Sauce hollandaise veredeln!

4 frische, küchenfertige Forellen (je etwa 300 g) | Salz | Pfeffer | 2 EL Mehl | 100 g Butter | 2 Eier | 1 TL Dijon-Senf | 1 TL Zitronensaft | 150 g Magermilchjoghurt | ½ Bund Basilikum | 1 Bio-Zitrone

Für 4 Personen | 30 Min. Zubereitung
Pro Portion ca. 410 kcal, 35 g EW, 28 g F, 6 g KH

1 Forellen waschen und trockentupfen, innen und außen mit Salz und Pfeffer würzen. In Mehl wenden und überschüssiges Mehl abschütteln.

2 Je 30 g Butter in zwei großen Pfannen aufschäumen lassen. Forellen in die heiße Butter legen und bei mittlerer Hitze auf jeder Seite in 6 Min. knusprig braun braten. Fische aus der Pfanne nehmen, mit Bratbutter beträufeln und im Ofen bei 100° (Mitte, Umluft 80°) warm halten.

3 Übrige Butter zerlassen. Eier mit Senf, Zitronensaft, Salz und Pfeffer in einer runden Edelstahlschüssel verrühren. In ein heißes, aber nicht kochendes Wasserbad setzen und unter ständigem Rühren mit dem Handrührgerät schaumig aufschlagen. Nach und nach erst die flüssige Butter, dann den Joghurt unterschlagen, bis die Sauce dicklich und cremig wird.

4 Basilikumblätter abzupfen, abreiben und in feine Streifen schneiden, unter den Joghurtschaum mischen. Zitrone waschen und vierteln. Forellen mit Joghurtschaum und Zitronenvierteln anrichten.

UND DAZU?

Pellkartoffeln und ein grüner Salat

herzhaft | gelingt leicht

Lachs mit Würzbutter

½ Bund Petersilie | 1 Knoblauchzehe | 2 TL körniger Senf | 125 g weiche Butter | Salz | Pfeffer | 1–2 TL Zitronensaft | 4 Lachskoteletts (je 180–200 g) | 2 EL Olivenöl

Für 4 Personen | 30 Min. Zubereitung
Pro Portion ca. 670 kcal, 38 g EW, 58 g F, 1 g KH

1 Petersilie waschen und trockenschütteln, die Blättchen hacken. Knoblauch schälen und sehr fein würfeln. Petersilie, Knoblauch und Senf mit der Butter vermischen. Mit Salz, Pfeffer und Zitronensaft würzen. Auf Frischhalte- oder Alufolie geben, zu einer 3 cm dicken Rolle formen und im Kühlschrank schnittfest werden lassen.

2 Lachskoteletts waschen, trockentupfen, beidseitig salzen und pfeffern und mit Öl einstreichen. Eine Grillpfanne erhitzen. Lachs darin bei starker Hitze auf jeder Seite 2–3 Min. braten. Würzbutter in Scheiben schneiden, zu den Koteletts servieren.

cremiger Sonntagsgenuss

Zander in Gemüsesauce

8 Zweige Thymian | Salz | Pfeffer | 600 g Zanderfilet | 100 g Schalotten | 125 g Möhren | 125 g Zucchini | 60 g Butter | ⅛ l Weißwein | 300 ml Fischfond (Glas) | 150 g Crème fraîche

Für 4 Personen | 45 Min. Zubereitung
Pro Portion ca. 435 kcal, 31 g EW, 29 g F, 6 g KH

1 Thymianblättchen abzupfen, hacken, mit Salz und Pfeffer mischen. Zander in 8 gleich große Stücke schneiden, beidseitig mit der Würzmischung bestreuen. Schalotten und Möhren schälen, Zucchini waschen und putzen. Gemüse sehr klein würfeln.

2 40 g Butter zerlassen, Gemüse darin anbraten. Mit Wein und Fond ablöschen, zugedeckt 10 Min. kochen lassen. Crème fraîche einrühren, 3–5 Min. offen einkochen lassen, salzen und pfeffern.

3 Übrige Butter in einer großen Pfanne erhitzen, Zanderstücke auf beiden Seiten 1–2 Min. braten. Mit der Gemüsesauce anrichten.

sahnig | geht schnell

Zitronennudeln mit Lachs

Nudelglück mit Zuckerschoten, Lachs und Estragonsahne.

400 g Lachsfilet (ohne Haut)
Salz | Pfeffer
250 g Zuckerschoten
1 Bio-Zitrone
2 Knoblauchzehen
300 g Tagliatelle (Bandnudeln)
2 EL Olivenöl
250 g Sahne
6 Stängel Estragon (ersatzweise Petersilie)

Für 4 Personen | 35 Min. Zubereitung
Pro Portion ca. 750 kcal, 44 g EW, 44 g F, 82 g KH

1 Lachs trockentupfen und 2 cm groß würfeln, salzen und pfeffern. Zuckerschoten waschen und putzen. Zitrone heiß waschen, abtrocknen, die Schale nicht zu fein abreiben. Knoblauch schälen und in dünne Scheiben schneiden.

2 Die Nudeln in reichlich kochendem Salzwasser nach Packungsangabe bissfest garen. Öl in einer großen Pfanne erhitzen, Knoblauch darin goldbraun braten. Zuckerschoten dazugeben und 3 Min. mitbraten. Zitronenschale und Sahne zufügen und offen 5 Min. einkochen lassen. Lachs unter die Sauce mischen und offen bei mittlerer Hitze in 5 Min. garen. Mit Salz und Pfeffer würzen.

3 Estragon waschen und trockenschütteln, die Blättchen hacken. Nudeln abgießen, 1/8 l Kochwasser auffangen. Nudeln, Kochwasser und Estragon unter die Fisch-Sahne mischen. Mit Pfeffer bestreuen.

mit mediterranem Duft

Kartoffel-Tunfisch-Pfanne

Zu diesem Bratkartoffelverhältnis passt der kräftige Rosmarin perfekt.

750 g kleine, fest kochende Kartoffeln
Salz | Pfeffer
500 g frisches Tunfischfilet
2 EL Zitronensaft
6 Schalotten
2 Knoblauchzehen
2 kleine Zweige Rosmarin
250 g Kirschtomaten
1 Dose Artischockenherzen (240 g Abtropfgewicht) | 6 EL Olivenöl

Für 4 Personen | 1 Std. Zubereitung
Pro Portion ca. 600 kcal, 32 g EW, 38 g F, 26 g KH

1 Kartoffeln waschen, ungeschält in Salzwasser 15 Min. kochen, pellen und in Spalten schneiden.

2 Tunfisch waschen, trockentupfen und mundgerecht würfeln. Mit Zitronensaft, Salz und Pfeffer würzen. Schalotten und Knoblauch schälen. Schalotten längs vierteln, Knoblauch in Scheiben schneiden. Rosmarin waschen und trockenschütteln, die Nadeln hacken. Tomaten waschen, halbieren. Artischocken abtropfen lassen, längs vierteln.

3 2 El Öl in einer großen Pfanne erhitzen. Tunfisch darin bei mittlerer Hitze in 5 Min. braun braten. Herausnehmen und warm stellen. Übriges Öl in der Pfanne erhitzen, Kartoffeln und Schalotten dazugeben und 5–6 Min. braten, ab und zu wenden. Knoblauch und Rosmarin kurz mitbraten. Tomaten, Artischocken und Tunfisch unterheben und alles 2 Min. ziehen lassen. Kräftig mit Salz und Pfeffer würzen.

oben: Kartoffel-Tunfisch-Pfanne | unten: Zitronennudeln mit Lachs

leicht | für Gäste

Fisch-Paella mit Calamares

Viel Gemüse und Fisch statt Fleisch und fetter Wurst: Der spanische Pfannen-Klassiker ist nicht nur bei Fleischessern ein Renner!

400 g festfleischiges Fischfilet (z. B. Rotbarsch)
300 g küchenfertige kleine Tintenfische
8 rohe geschälte Riesengarnelen
je 1 rote und gelbe Paprikaschote
2 dünne Zucchini
200 g TK-Erbsen
2 Zwiebeln
2 Knoblauchzehen
2 Fleischtomaten
4 EL Olivenöl
300 g Rundkornreis (z. B. Arborio)
Salz | Pfeffer
3/4 l Gemüsebrühe
2 Döschen Safranpulver (0,2 g)

Für 4 Personen | 1 Std. 15 Min. Zubereitung
Pro Portion ca. 560 kcal, 46 g EW, 7 g F, 73 g KH

1 Fischfilet und Tintenfische waschen, trockentupfen und in mundgerechte Stücke schneiden. Garnelen ebenfalls waschen und abtrocknen. Paprikaschoten waschen, vierteln, putzen und in feine Streifen schneiden. Zucchini waschen, putzen und in dünne Scheiben schneiden. Erbsen antauen lassen. Zwiebeln und Knoblauch schälen und fein würfeln. Stielansätze der Tomaten entfernen. Tomaten kurz überbrühen, häuten, entkernen und in Würfel schneiden.

2 Das Öl in einer Paella-Pfanne oder in einem Bräter erhitzen. Zwiebeln und Knoblauch darin glasig dünsten. Reis dazugeben und unter Rühren braten, bis er glasig ist. Paprikastreifen und Zucchini hinzufügen, 3 Min. andünsten, salzen und pfeffern. Ein Drittel der Brühe mit Safran verrühren, angießen und aufkochen lassen. Tintenfischringe dazugeben und alles 10 Min. köcheln lassen.

3 Restliche Brühe angießen. Tomaten, Erbsen und Fischstücke unter den Gemüse-Reis mischen. Die Paella bei schwacher Hitze in 10 Min. fertig garen. Garnelen auf den Reis legen. Den passenden Deckel auflegen und bei schwacher Hitze 10 Min. ziehen lassen. Mit Salz und Pfeffer abschmecken.

VARIANTE – FISCH-PAELLA MIT MUSCHELN

1/8 l Gemüsebrühe durch trockenen Weißwein ersetzen. Damit das gedünstete Gemüse ablöschen und 5 Min. köcheln lassen, bis der Wein verdampft ist. 8–12 große, frische, gesäuberte Miesmuscheln in der Schale auf die Paella legen, zugedeckt 10 Min. ziehen lassen, bis sich die Schalen geöffnet haben.

TIPP

1 Bund gehackte Petersilie und Achtel von 1 Bio-Zitrone mit den Garnelen oder Miesmuscheln auf den Reis legen, 10 Min. ziehen lassen.

Auf sanfte Tour gegart

Fischfilets wecken immer wieder meine Experimentierfreude. Und so rolle ich kurzerhand die Zutaten für italienische Saltimbocca – Parmaschinken und Salbei – in zarte Schollenfilets, kombiniere sie mit pürierten Erbsen und Crème fraîche, und was dabei herauskommt, schmeckt einfach klasse!

Schollenröllchen in Erbsensauce

8 Schollenfilets (je etwa 90 g)
2 EL Zitronensaft
Salz | Pfeffer
60 g Parmaschinken (in dünnen Scheiben)
16 Salbeiblätter
2 Schalotten
1 EL Butter
¼ l Fischfond (Glas)
400 g TK-Erbsen
200 g Crème fraîche
16 Holzspießchen

Für 4 Personen | 40 Min. Zubereitung
Pro Portion ca. 500 kcal, 41 g EW, 31 g F, 16 g KH

1 Filets längs halbieren, mit Zitronensaft, Salz und Pfeffer würzen. Schinken in 16 Streifen schneiden, mit je 1 Salbeiblatt auf die Filets legen. Aufrollen, mit Holzspießchen feststecken.

2 Schalotten schälen und fein würfeln, in Butter glasig dünsten. Fond zugießen, offen 5 Min. einkochen lassen. Fisch im Sud zugedeckt 5–6 Min. dünsten.

3 Erbsen antauen lassen. Fischröllchen herausheben, zugedeckt warm stellen. 300 g Erbsen und Crème fraîche einrühren, 3 Min. garen. Sauce fein pürieren, durch ein Sieb streichen. Mit übrigen Erbsen kurz aufkochen lassen, salzen und pfeffern. Mit Schollenröllchen und einer Reis-Wildreis-Mischung anrichten.

gelingt leicht

Fenchelcremesuppe mit Zander

Eine feine Mahlzeit, auch wunderbar als Vorspeise geeignet.

400 g Zanderfilet
1 EL Zitronensaft
800 g Fenchelknollen
300 g vorwiegend fest kochende Kartoffeln
2 Schalotten
1 TL Fenchelsamen
2 EL Butter
³/₄ l Gemüsebrühe
Salz | Pfeffer
200 g Sahne

Für 4 Personen | 45 Min. Zubereitung
Pro Portion ca. 425 kcal, 30 g EW, 26 g F, 17 g KH

1 Fischfilet trockentupfen, in Streifen schneiden und mit Zitronensaft beträufeln. Fenchel waschen, das Grün abschneiden und beiseite legen. Knollen putzen, vierteln und ohne den mittleren Strunk klein würfeln. Kartoffeln schälen und in kleine Würfel schneiden. Schalotten schälen und hacken.

2 Fenchelsamen zerdrücken. Butter erhitzen, Schalotten, Fenchel und Kartoffeln darin 5 Min. andünsten. Fenchelsamen einrühren. Brühe angießen, aufkochen, zugedeckt 10 Min. kochen lassen.

3 Einige Gemüsestücke herausheben, Suppe pürieren, salzen und pfeffern. Sahne unterrühren, Gemüse zufügen. Zander dazugeben, bei schwacher Hitze 7 Min. ziehen lassen. Suppe abschmecken. Fenchelgrün hacken und darüber streuen.

raffiniert | für Gäste

Möhrensuppe mit Forellenklößchen

Diese Suppe veredelt jedes Menü, ist aber auch solo ein Hochgenuss.

125 g frisches Forellenfilet (ohne Haut)
40 g Kerbel
400 g Möhren
2 Schalotten
60 g Butter | 1 EL Mehl
⅛ l trockener Weißwein (oder Fischfond)
400 ml Fischfond (Glas)
1 Ei | 300 g Sahne
Salz | Pfeffer

Für 4 Personen | 1 Std. Zubereitung
Pro Portion ca. 505 kcal, 19 g EW, 41 g F, 11 g KH

1 Forellenfilet klein schneiden, 10 Min. ins Gefrierfach stellen. Kerbel waschen, verlesen, Blättchen abzupfen. Möhren und Schalotten schälen, fein würfeln. Butter erhitzen, Möhren und Schalotten andünsten. Mit Mehl bestäuben und anschwitzen. Wein, Fond und 100 ml Wasser zugießen. Suppe unter Rühren aufkochen, 10 Min. köcheln lassen.

2 Fischfilet mit Ei, 100 g Sahne, Salz und Pfeffer im Mixer pürieren, bis eine Creme entstanden ist. Mit 2 feuchten Teelöffeln Klößchen abstechen und in kochendem Salzwasser 5 Min. ziehen lassen.

3 Suppe fein pürieren, eventuell durch ein Sieb streichen, aufkochen lassen. Übrige Sahne untermixen. Kerbel bis auf ein paar Blättchen fein hacken und unterrühren. Suppe mit Forellenklößchen anrichten, mit übrigem Kerbel bestreut servieren.

links: Fenchelcremesuppe mit Zander | rechts: Möhrensuppe mit Forellenklößchen

italienisch inspiriert | für Gäste

Tomaten-Fisch-Suppe mit Muscheln

Wenn es mittags oder abends leicht sein soll: mediterranes Suppengedicht mit viererlei Fischfilet und frischen Miesmuscheln.

600 g frische Miesmuscheln
je 150 g Filet von Scholle, Lachs, Heilbutt und Kabeljau oder Schellfisch
1 Zitrone
Salz | Pfeffer
2 Zwiebeln
2 Knoblauchzehen
750 g Tomaten
4 EL Olivenöl
1 l Gemüsebrühe
1–2 TL getrockneter Oregano
1 Bund Petersilie

Für 4 Personen | 1 Std. 10 Min. Zubereitung
Pro Portion ca. 370 kcal, 24 g EW, 22 g F, 9 g KH

1 Die Muscheln in einem Sieb unter kaltem Wasser gründlich waschen, bereits geöffnete wegwerfen. Die Fischfilets waschen, trockentupfen und in mundgerechte Stücke schneiden. Den Saft der Zitrone auspressen. Den Fisch leicht salzen und pfeffern, mit Zitronensaft beträufeln und 30 Min. ziehen lassen.

2 Inzwischen Zwiebeln und Knoblauch schälen, beides fein würfeln. Stielansätze der Tomaten entfernen. Tomaten kurz überbrühen, häuten, vierteln, entkernen und in Würfel schneiden.

3 Das Öl in einem Topf erhitzen, die Zwiebeln darin bei schwacher Hitze glasig dünsten. Knoblauch kurz mitdünsten. Tomaten hinzufügen und leicht andünsten. Brühe angießen, mit Salz, Pfeffer und Oregano würzen. Suppe zugedeckt 20 Min. köcheln lassen.

4 Die Muscheln in die kochende Suppe geben, aufkochen lassen. Den Fisch dazugeben und 5 Min. bei schwacher Hitze ziehen lassen. Geschlossene Muscheln herausnehmen und wegwerfen, sie sind ungenießbar. Suppe mit Salz und Pfeffer abschmecken. Petersilie waschen und trockenschütteln, die Blättchen hacken. Die Suppe mit Petersilienblättchen servieren.

UND DAZU?

Geröstete Weißbrotscheiben, bestrichen mit Knoblauch-Butter

VARIANTEN

Wer es feuriger mag, gibt noch 2 getrocknete und fein zerbröselte Chilischoten in die Suppe oder würzt sie mit einigen Spritzern Tabasco.
Auch raffiniert: ¼ l Gemüsebrühe durch trockenen Weißwein ersetzen.

GUT ZU WISSEN

Wenn die Zeit drängt, können Sie anstatt der frischen Tomaten 1 Dose stückige Tomaten (400 g) verwenden.

indisch | scharf

Fisch-Brokkoli-Curry

Zarter Fisch in einer sämigen Currysauce aus Joghurt und Cashewkernen.

600 g Fischfilet (z. B. Seelachs, Rotbarsch)
Salz | Pfeffer
4 TL Zitronensaft
2 Zwiebeln
1 Stück frischer Ingwer (ca. 2 cm)
500 g Brokkoli
70 g Cashewkerne (oder gemahlene Mandeln)
2 EL Butterschmalz | 2 EL Currypulver
400 ml Gemüsefond (Glas)
150 g Sahnejoghurt

Für 4 Personen | 45 Min. Zubereitung
Pro Portion ca. 360 kcal, 33 g EW, 15 g F, 11 g KH

1 Fisch waschen, trockentupfen und in mundgerechte Stücke schneiden, mit Salz, Pfeffer und Zitronensaft würzen. Zwiebeln und Ingwer schälen und sehr fein würfeln. Brokkoli waschen, putzen und in Röschen teilen, Stiele schälen und in Stücke schneiden. Cashewkerne fein mahlen.

2 Butterschmalz in einem breiten Topf erhitzen, Zwiebeln und Ingwer darin glasig werden lassen. Currypulver und Cashewkerne zufügen, kurz anschwitzen. Fond und 100 ml Wasser angießen, Brokkoli zugeben, offen 5–6 Min. einkochen lassen.

3 Joghurt unter das Gemüse mischen, alles unter Rühren langsam aufkochen lassen. Fischstücke untermischen, zugedeckt 5–7 Min. ziehen lassen. Mit Salz, Pfeffer und Currypulver scharf abschmecken. Dazu passt weißer Basmatireis.

sanft cremig

Lachsfrikassee

Verführerisch wie der Frühling – mit viel Gemüse in feiner Sahnesauce.

600 g Lachsfilet (ohne Haut)
Salz | Pfeffer
4–5 TL Zitronensaft
500 g grüner Spargel
300 g kleine Champignons
1 Dose Mais (140 g Abtropfgewicht)
3 EL Butterschmalz
400 ml Fisch- oder Gemüsefond (Glas)
250 g Sahne | 2 gestrichene EL Mehl
2 EL gehackte Petersilie

Für 4 Personen | 45 Min. Zubereitung
Pro Portion ca. 690 kcal, 37 g EW, 51 g F, 17 g KH

1 Lachs waschen, trockentupfen und in mundgerechte Stücke schneiden, mit Salz, Pfeffer und 4 TL Zitronensaft würzen. Spargel waschen, putzen, nur im unteren Drittel schälen, die Stangen schräg in 3–4 cm große Stücke schneiden. Champignons putzen, halbieren. Mais abtropfen lassen.

2 1 EL Butterschmalz in einem breiten Topf erhitzen, Fisch darin anbraten, herausnehmen. Übriges Butterschmalz erhitzen. Spargel und Pilze darin kurz anbraten. Fond angießen und aufkochen lassen. Sahne und Mehl verquirlen, einrühren und zugedeckt 5 Min. köcheln lassen.

3 Lachs und Mais zufügen, zugedeckt 5 Min. ziehen lassen. Frikasee mit Salz, Pfeffer und übrigem Zitronensaft abschmecken. Die Petersilie unterrühren. Dazu passt Langkornreis mit Wildreis.

links: Lachsfrikassee | rechts: Fisch-Brokkoli-Curry

weckt Erinnerungen

Schellfisch mit Senfsauce

Sanft pochiert und mit scharfem Senf ein gern gesehener Klassiker.

1 Bund Suppengrün
2 Zwiebeln
1 EL schwarze Pfefferkörner
2 Lorbeerblätter
Salz | Pfeffer
1 kg Schellfisch am Stück (küchenfertig vorbereitet)
30 g Butter | 40 g Mehl
1/4 l Milch
2–3 EL scharfer Senf
1–2 TL Zitronensaft

Für 4 Personen | 45 Min. Zubereitung
Pro Portion ca. 330 kcal, 40 g EW, 10 g F, 12 g KH

1 Suppengrün putzen, Zwiebeln schälen und beides klein schneiden. In einem Topf 2 1/2 l Wasser aufkochen lassen. Gemüse, Zwiebeln, Pfefferkörner, Lorbeerblätter und 1 EL Salz zufügen. Alles 10 Min. kochen lassen.

2 Den Fisch waschen, in den kräftig kochenden Sud legen und zugedeckt bei schwacher Hitze 15–20 Min. ziehen lassen.

3 Für die Sauce Butter zerlassen, das Mehl darin anschwitzen. Milch und 300 ml Fischsud durch ein Sieb dazugießen. Aufkochen lassen, Senf einrühren. Mit Salz, Pfeffer und Zitronensaft abschmecken. Fisch aus dem Sud heben, auf eine vorgewärmte Platte legen, mit Zwiebeln und Gemüse umlegen. Die Senfsauce getrennt dazu reichen. Dazu passen Salzkartoffeln.

Klassiker | für Gäste

Forelle blau

Der Lieblingsfisch der Nation – mit Zitronenbutter und Kresse serviert.

1 Bund Suppengrün
1 Zwiebel
1/8 l Weißweinessig
Salz | 1 TL weiße Pfefferkörner
5 Wacholderbeeren
4 frische, küchenfertige Forellen (je etwa 300 g)
1 Bio-Zitrone
125 g Butter
1 Kästchen Kresse

Für 4 Personen | 50 Min. Zubereitung
Pro Portion ca. 390 kcal, 30 g EW, 30 g F, 0 g KH

1 Suppengrün waschen, putzen und grob zerkleinern. Zwiebel schälen und vierteln. In einem sehr großen Topf 2 l Wasser aufkochen lassen. Gemüse, Zwiebel, Essig, 1 EL Salz, Pfefferkörner und Wacholderbeeren zufügen. Alles 20 Min. kräftig kochen lassen.

2 Forellen vorsichtig kalt abspülen, nicht abtrocknen, um die äußere Schleimschicht nicht zu verletzen. Die Forellen in den heißen, aber nicht kochenden Sud legen und offen bei schwacher Hitze 15–20 Min. ziehen lassen.

3 Zitrone heiß waschen, abtrocknen, Schale fein abreiben, dann in Scheiben schneiden. Butter aufschäumen lassen. Zitronenschale darin schwenken, leicht salzen. Forellen auf einer vorgewärmten Platte anrichten. Mit Zitronenbutter beträufeln. Mit Kresse und Zitronenscheiben garnieren. Dazu passen Salz- oder kleine Pellkartoffeln.

oben: Schellfisch mit Senfsauce | unten: Forelle blau

gelingt leicht | aromatisch

Heilbuttfilets im Cidredampf

In einem Topf gut zu machen: zarter, weißer Fisch über Lauch und Äpfeln gedämpft und mit einer cremigen Sauce gekrönt.

1 Stück frischer Ingwer (ca. 2 cm)
4 Heilbuttfilets (etwa 600 g)
Salz | Pfeffer
2 EL Zitronensaft
4 Schalotten
2 Stangen Lauch (etwa 600 g)
1 säuerlicher Apfel (z. B. Boskop, Braeburn)
1 EL Butter
300 ml trockener Cidre (oder Apfelwein)
300 ml Gemüsefond (Glas)
150 g Crème fraîche

Für 4 Personen | 40 Min. Zubereitung
Pro Portion ca. 420 kcal. 38 g EW, 19 g F, 15 g KH

1 Den Ingwer schälen und fein reiben. Die Heilbuttfilets waschen und trockentupfen. Mit Ingwer, Salz und Pfeffer einreiben und mit Zitronensaft beträufeln. Schalotten schälen und vierteln. Lauch putzen, gründlich waschen und in etwa ½ cm dicke Scheiben schneiden. Den Apfel vierteln, schälen, entkernen und in kleine Stücke schneiden.

2 Die Butter in einem Topf erhitzen. Schalotten, Lauch und Apfel darin kurz anbraten. Cidre und Fond angießen, zugedeckt bei mittlerer Hitze 3 Min. dünsten. Die Fischfilets auf einen passenden Dämpf- oder Siebeinsatz legen, auf oder in den passenden Topf setzen – er darf die Flüssigkeit nicht berühren – und zugedeckt bei mittlerer Hitze 5–6 Min. dämpfen.

3 Den Fisch aus dem Topf nehmen, das Gemüse mit einer Schaumkelle herausheben und beides warm stellen. Die Dämpfflüssigkeit bei starker Hitze in 5 Min. auf die Hälfte einkochen lassen. Die Crème fraîche einrühren und 5 Min. einkochen lassen, salzen und pfeffern. Die Sauce mit den Fischfilets und dem Apfel-Lauch-Gemüse servieren.

UND DAZU?

Weißer Reis oder Stangenweißbrot

VARIANTE – ASIATISCH GEDÄMPFTER KARPFEN

600 g Karpfenfilets (oder Pangasiusfilets) waschen, trockentupfen und mit Salz und Pfeffer würzen. Je 3 EL Zitronensaft und Öl mit 1 TL Sesamöl verrühren und über die Fischfilets träufeln. 1 Std. marinieren. 400 g Chinakohl waschen, putzen und in Streifen schneiden. Diese auf einem Sieb- oder Dämpfeinsatz verteilen, die abgetropften Karpfenfilets darauf legen. 2 Knoblauchzehen und 1 Stück frischer Ingwer (ca. 2 cm) sowie 1 Frühlingszwiebel schälen bzw. putzen. Alles in sehr kleine Würfel schneiden und über die Fischfilets streuen, mit der Marinade und 1–2 EL heller Sojasauce beträufeln. ½ l Gemüsebrühe in einen Topf gießen, den Dämpf- oder Siebeinsatz darauf setzen. Die Flüssigkeit zugedeckt aufkochen lassen und die Filets bei mittlerer Hitze 8–10 Min. dämpfen. Dazu passt Basmatireis.

Gebacken und gegrillt

Für mich gehört dieser Steckerlfisch zu den Hits des letzten Sommers. Ein echtes Schmankerl auch für skeptische Fischesser-Kinder! Dank seines herrlich kompakten Fleischs ist Tunfisch wie geschaffen fürs Grillen. Mit knackigen Zucchini, frischem Salbei und süßen Kirschtomaten verträgt er sich optimal.

Tunfischspieße vom Grill

600 g Tunfischfilet
2 Knoblauchzehen
6 Zweige Thymian
4 EL Olivenöl
4 EL Zitronensaft
Salz | Pfeffer
4 kleine Zucchini
20 Cocktailtomaten
3–4 Zweige Salbei
Olivenöl zum Bestreichen

Für 4 Personen
⌚ 30 Min. Zubereitung | 1 Std. Marinieren
Pro Portion ca. 480 kcal, 35 g EW, 36 g F, 4 g KH

1 Tunfisch trockentupfen, 2–3 cm groß würfeln. Knoblauch schälen, fein hacken. Thymian waschen und trockenschütteln, die Blättchen hacken. Beides mit Öl, Zitronensaft, Salz und Pfeffer verrühren. Fisch darin wenden, 1 Std. ziehen lassen.

2 Zucchini waschen, putzen und in 1 cm dicke Scheiben schneiden. Tomaten waschen und halbieren. Salbeiblätter abzupfen und abreiben.

3 Fischwürfel trockentupfen. Mit Zucchini, Tomaten und Salbei abwechselnd auf Spieße stecken. Salzen und pfeffern, mit Öl bestreichen. Unter dem heißen Elektro-Grill auf jeder Seite 3–4 Min. grillen.

UND DAZU?

Kräuter-Joghurt: Dafür 300 g Joghurt mit 2 TL Zitronensaft, Salz, Pfeffer, ½ Bund gehackter Petersilie und 1 TL gehacktem Thymian verrühren.

mediterran | gut vorzubereiten

Rosmarin-Doraden mit Bohnensalat

Südländischer Fisch-Traum mit Rosmarin und Knoblauch. Ideal auch für den Fall, dass Sie mal mehr als vier Leute bewirten müssen.

Für den Salat
750 g grüne Bohnen
Salz | Pfeffer
4 EL Rotweinessig
3 EL kaltgepresstes Olivenöl
100 g durchwachsener Bauchspeck

Für die Fische
4 Doraden (Meerbrassen; je etwa 400 g)
Salz | Pfeffer
1 Zitrone
3–4 Zweige Rosmarin
2–3 Knoblauchzehen
4 Tomaten
2 EL Olivenöl
Olivenöl für das Blech

Für 4 Personen | ⏱ 1 Std. Zubereitung
Pro Portion ca. 570 kcal, 47 g EW, 36 g F, 11 g KH

1 Bohnen waschen, putzen und grob zerkleinern. In kochendem Salzwasser 10 Min. garen, herausnehmen, abschrecken und abtropfen lassen. Den Essig, Salz und Pfeffer und 2 EL Öl verquirlen. Bohnen noch warm darin wenden. Speck in kleine Würfel schneiden. Das übrige Öl in einer Pfanne erhitzen, den Speck darin kross ausbraten und samt Speckfett über dem Bohnensalat verteilen.

2 Die Doraden waschen, trockentupfen und jeweils beidseitig 2–3-mal schräg einschneiden. Innen und außen mit Salz, Pfeffer und 2 EL Zitronensaft würzen. Rosmarin waschen, trockenschütteln und grob zerbrechen. Knoblauch schälen und in Scheiben schneiden. Je 1–2 Stücke Rosmarin und Knoblauch in die Bauchöffnung der Fische legen.

3 Den Backofen auf 220° vorheizen. Stielansätze der Tomaten entfernen. Tomaten kurz überbrühen, häuten, halbieren, entkernen und würfeln. Übrigen Zitronensaft und Olivenöl verrühren. Ein Backblech einfetten, Doraden darauf legen, Tomaten und übrigen Rosmarin drumherum verteilen. Im Ofen (Mitte, Umluft ungeeignet) 5 Min. braten. Temperatur auf 200° herunterschalten, das Zitronen-Öl seitlich angießen. Die Fische 20 Min. garen. Mit dem Bohnensalat servieren. Dazu passt Baguette oder Stangenweißbrot.

VARIANTE – MAKRELEN VOM BLECH

4 Makrelen (küchenfertig; je etwa 300 g) waschen, trockentupfen und seitlich 2–3-mal schräg einschneiden. 4 Stängel Petersilie und 6 Zweige Thymian waschen und trockenschütteln, die Blättchen fein hacken. Mit 2 fein gewürfelten Knoblauchzehen, je 1 TL Salz und Pfeffer sowie 4 EL Olivenöl und 4 EL Zitronensaft verrühren. Makrelen damit innen und außen bestreichen, zugedeckt 1 Std. ziehen lassen. 2 kleine Auberginen in Scheiben schneiden. Je 1 rote und grüne Paprikaschote waschen, putzen und in 2 cm große Stücke schneiden. Gemüse auf der Fettpfanne des Ofens verteilen, salzen und pfeffern. Fische obendrauf legen, mit der übrigen Marinade beträufeln. Im vorgeheizten Backofen bei 220° (Mitte, Umluft ungeeignet) 5 Min. braten. 1/8 l Gemüsefond angießen, 20 Min. garen, einmal wenden.

macht Eindruck | Klassiker

Lachsforelle im Salzmantel

Unter dem Deckmantel einer festen Salzkruste wird der Fisch mit Kräuterfüllung wundervoll saftig und aromatisch.

1 große, küchenfertige Lachsforelle (etwa 1,2 kg)
Salz | Pfeffer
3 EL Zitronensaft
40 g Rucola
1 Bund Petersilie
2 EL Olivenöl
2½ kg grobes Meersalz
2 Eiweiße

Für 4 Personen
30 Min. Zubereitung | 40 Min. Backen
Pro Portion ca. 260 kcal, 39 g EW, 11 g F, 0 g KH

1 Die Lachsforelle kalt waschen und trockentupfen. Innen und außen mit Salz und Pfeffer und 1 EL Zitronensaft würzen.

2 Rucola und Petersilie waschen und trockenschütteln, die Blätter grob hacken. Kräuter mit Salz, Pfeffer, übrigem Zitronensaft und Öl mischen und in die Bauchöffnung des Fisches füllen (Bild 1).

3 Den Backofen auf 220° vorheizen. Das Meersalz mit den Eiweißen und 200 ml kaltem Wasser zu einer streichfähigen Masse verrühren. Die Hälfte davon auf ein Backblech oder die Fettpfanne des Backofens geben und glatt streichen. Lachsforelle auf das Salzbett setzen. Mit der übrigen Salzmasse bestreichen und fest andrücken (Bild 2).

4 Die Lachsforelle im Ofen (Mitte, Umluft 200°) 30 Min. garen, dann 10 Min. im abgeschalteten Ofen ruhen lassen.

5 Die Salzkruste mit einem Hammer oder Sägemesser aufbrechen und abheben. Den Fisch mit Röstkartoffeln, Kräuter-Remoulade und Tomaten-Basilikum-Sauce servieren.

FISCH-VARIANTEN

Statt 1 großen Lachsforelle 2 kleine Lachsforellen von je etwa 600 g nehmen oder 3–4 Doraden von je 300–400 g. Besonders edel und aromatisch: mit Wolfsbarsch (etwa 1,2 kg).

UND DAZU?

Röstkartoffeln: 1 kg kleine, neue Kartoffeln in der Schale kochen, dann pellen. In 2 EL Butterschmalz goldbraun braten, mit Salz und Pfeffer würzen.

Kräuter-Remoulade: 1 ganz frisches Eigelb mit Salz, Pfeffer und 1 TL Zitronensaft verrühren. 100 ml Öl nach und nach im dünnen Strahl einlaufen lassen und mit dem Handmixer unterschlagen. 150 g Joghurt unterrühren. Je 1 Bund Petersilie und Schnittlauch fein hacken bzw. in Röllchen schneiden, 2 kleine Gewürzgurken fein würfeln und untermischen.

Tomaten-Basilikum-Sauce: 200 g saure Sahne mit 2 EL Crème fraîche und 1 EL Tomatenmark verrühren. Mit 2 TL Zitronensaft, Salz und Pfeffer würzen. 2 Tomaten waschen, halbieren und entkernen. Tomatenhälften klein würfeln und unterheben. ½ Bund Basilikum waschen und trockenschütteln, Blättchen hacken und unterheben.

1

2

3

raffiniert | gut vorzubereiten

Rotbarsch mit Gremolata

600 g fest kochende Kartoffeln
Salz | Pfeffer
500 g Strauchtomaten
4 Schalotten
4 Rotbarschfilets (je etwa 180 g)
1 Bund Petersilie
2 Knoblauchzehen
1 Bio-Zitrone | 6 EL Olivenöl
8 EL trockener Weißwein (oder Gemüsebrühe)

Für 4 Personen
1 Std. Zubereitung | 30 Min. Backen
Pro Portion ca. 470 kcal, 36 g EW, 25 g F, 21 g KH

1 Kartoffeln waschen, schälen, in Scheiben schneiden. In kochendem Salzwasser 5 Min. vorkochen, abtropfen lassen. Tomaten kurz überbrühen, häuten, in Scheiben schneiden. Schalotten schälen, in dünne Ringe schneiden. Fischfilets waschen, trockentupfen, halbieren, salzen und pfeffern. Für die Gremolata Petersilie waschen und Blätter abzupfen. Knoblauch schälen. Beides fein hacken. Zitrone heiß waschen, abtrocknen, Schale abreiben. Petersilie, Knoblauch und Zitronenschale mischen.

2 Ofen auf 200° vorheizen. Eine Gratinform mit 1 EL Öl einstreichen. Tomaten und Kartoffeln hineinschichten, Schalotten darauf verteilen, salzen, pfeffern. Hälfte der Gremolata darüber geben. Fisch obendrauf legen, mit übriger Gremolata bestreuen. 2 EL Zitronensaft auspressen, mit Wein, übrigem Öl verquirlen, darüber träufeln. Form mit Alufolie abdecken. Im Ofen (Mitte, Umluft 180°) 20 Min. garen. Folie abnehmen, offen weitere 10 Min. garen.

preiswert | gelingt leicht

Gratinierte Seelachsfilets

4 Seelachsfilets (je etwa 150 g)
Salz | Pfeffer
1 EL Zitronensaft
1 Bund Frühlingszwiebeln
1 rote Paprikaschote
40 g Butter
2 EL Mehl
200 ml Fischfond (Glas) | 125 g Sahne
frisch geriebene Muskatnuss
1 Bund Schnittlauch
Butter für die Form

Für 4 Personen | 50 Min. Zubereitung
Pro Portion ca. 345 kcal, 30 g EW, 21 g F, 7 g KH

1 Fischfilets waschen und trockentupfen. Mit Salz, Pfeffer und Zitronensaft würzen. Frühlingszwiebeln waschen, putzen, das Weiße und Hellgrüne in feine Ringe schneiden (Rest anderweitig verwenden). Paprikaschote waschen, halbieren putzen und sehr klein würfeln.

2 Backofen auf 200° vorheizen. Butter aufschäumen lassen. Frühlingszwiebeln und Paprikawürfel darin 2 Min. dünsten, salzen und pfeffern. Mit Mehl bestäuben, kurz anschwitzen. Fond und Sahne angießen und bei mittlerer Hitze 5 Min. kochen lassen, mit Salz, Pfeffer und Muskat abschmecken. Vom Herd nehmen.

3 Schnittlauch waschen, in Röllchen schneiden und bis auf 1 EL unter die Sauce heben. Eine Gratinform einfetten, Filets hineinlegen, Sauce darüber verteilen. Im Ofen (Mitte, Umluft 180°) 15 Min. überbacken. Mit dem übrigen Schnittlauch bestreuen.

oben: Gratinierte Seelachsfilets | unten: Rotbarsch mit Gremolata

gelingen leicht | kalorienarm

Tilapiafilets auf Frühlingsgemüse

Das Garen in Folie ist ganz einfach. Das zarte Fischfilet dünstet schonend auf einem knackig-frischen Gemüsebett – so bleiben die feinen Aromen erhalten.

250 g Spitzkohl (oder Jaroma-Kohl)
150 g junge Möhren
1 zarter Kohlrabi
1 rote Zwiebel
Salz | Pfeffer
1 Prise Zucker
30 g Butter
2 Tilapiafilets (je etwa 150 g)
6 EL Gemüsefond
Bratfolienschlauch

Für 2 Personen
30 Min. Zubereitung | 30 Min. Garen
Pro Portion ca. 290 kcal, 29 g EW, 14 g F, 11 g KH

1 Den Spitzkohl waschen, putzen und in Spalten, dann in 1 cm breite Streifen schneiden. Möhren putzen, schälen und in feine Stifte schneiden. Kohlrabi putzen, schälen und vierteln. Die Viertel in dünne Scheiben schneiden. Zwiebel schälen und in dünne Spalten teilen. Gemüse mischen, mit Salz, Pfeffer und Zucker würzen.

2 Den Backofen auf 180° vorheizen. Einen Bratfolienschlauch vorbereiten. Gemüse darin verteilen. Butter in Flöckchen darauf geben. Bratbeutel auf das kalte Backblech legen.

3 Die Fischfilets waschen und trockentupfen, salzen und pfeffern. Auf das Gemüse legen und den Fond angießen. Den Folienschlauch gut verschließen. Im Backofen (untere Schiene, Umluft 160°) in 20 Min. garen.

UND DAZU?

Frühlings-Pellkartoffeln mit Petersilie

TIPP

Einige zarte Kohlrabiblätter waschen und in feine Streifen schneiden, mit dem Gemüse in den Bratbeutel geben und mitgaren.

VARIANTE – PANGASIUS IN PERGAMENT

Für 4 Personen 500 g Strauchtomaten kurz überbrühen, häuten und in Scheiben schneiden. 400 g kleine Zucchini waschen, putzen und ebenfalls in dünne Scheiben schneiden. 4 Schalotten schälen und in feine Streifen schneiden. 2 rote Chilischoten putzen und 2 Knoblauchzehen schälen, beides fein würfeln. 600 g Pangasiusfilet waschen und trockentupfen. Backofen auf 200° vorheizen. Für 4 Päckchen jeweils 2 Bögen Backpapier (je 30 x 40 cm) übereinander legen und mit je ½ EL Öl bestreichen. Tomaten- und Zucchinischeiben darauf schichten, mit den Fischfilets belegen. Schalotten, Knoblauch und Chilis darüber verteilen, salzen und pfeffern. 2 EL Öl, 2 TL Sesamöl, 2 EL helle Sojasauce und 2 EL Limettensaft verrühren, über den Fisch träufeln. Backpapier über der Füllung zusammenschlagen, an den Rändern mit Küchengarn verschließen. Auf ein Backblech setzen und im Ofen (Mitte, Umluft 180°) in 20 Min. garen. Dazu passt frisches Baguette.

mediterran | sommerliches Grillvergnügen

Gegrillte Fische und Meeresfrüchte

Marinierte Sardinen, Tunfisch, Garnelen und Tintenfische vom Rost mit würziger Paprikasauce – Ihre Gäste werden Sie dafür lieben.

10 EL Olivenöl
2½ Zitronen (davon 2 Bio-Ware)
Salz | Pfeffer
2 Knoblauchzehen
½ Bund Petersilie
600 g Sardinen (oder grüne Heringe; küchenfertig geputzt)
400 g Tunfischfilet
4 rohe Riesengarnelen (in der Schale)
200 g kleine, küchenfertige Tintenfische
750 g rote Paprikaschoten
2–3 EL Essig | Öl zum Bestreichen

Für 4 Personen
45 Min. Zubereitung | 1 Std. Marinieren
Pro Portion ca. 700 kcal, 54 g EW, 51 g F, 5 g KH

1 Für die Marinade 6 EL Öl, 2 EL Zitronensaft, Salz und Pfeffer verrühren. Knoblauch schälen und dazupressen. Petersilie waschen und trockenschütteln, die Blättchen fein hacken und unterrühren.

2 Sardinen und Tunfisch waschen und trockentupfen, Tunfisch in vier gleich große Stücke schneiden. Garnelen und Tintenfische waschen und trockentupfen. Eine flache Schüssel mit etwas Marinade ausstreichen, Fische und Meeresfrüchte hineingeben und mit der übrigen Marinade bepinseln. Abgedeckt im Kühlschrank 1 Std. marinieren.

3 Inzwischen die Paprikaschoten waschen, halbieren, putzen, grob würfeln und im Mixer pürieren. Das Paprikapüree in einen Topf geben und bei mittlerer Hitze 15–20 Min. einkochen lassen, bis die Flüssigkeit vollständig verdampft ist. Das übrige Öl und Essig unterrühren, mit Salz und Pfeffer kräftig würzen. Paprikapaste abkühlen lassen.

4 Den Backofen-Grill vorheizen. Den Rost gut einölen. Fische und Meeresfrüchte abtropfen lassen, (die übrige Marinade aufheben!) und auf den Rost legen. 6–8 Min. grillen, dabei einmal wenden und mit der Marinade bestreichen. Die Bio-Zitronen in Spalten schneiden, mit den Fischen und Meeresfrüchten anrichten. Die Paprikapaste dazu reichen.

UND DAZU?

Fladenbrot oder italienisches Weißbrot

VARIANTE – DORADEN MIT PAPRIKA-FÜLLUNG

4 Doraden (küchenfertig geputzt; je 300–400 g) innen und außen waschen, trockentupfen und salzen. 8 Zweige Thymian und ½ Bund Petersilie waschen, trockenschütteln, die Blättchen fein hacken. Mit 4 EL von der roten Paprikapaste (siehe Rezept oben) vermischen. 2 Knoblauchzehen schälen und dazupressen. Jede Dorade innen mit der Paprika-Kräuter-Mischung bestreichen. Fische mit Olivenöl bepinseln und unter dem vorgeheizten Grill von jeder Seite 7–8 Min. grillen.

WÜRZTIPP

Wer mag, kann die rote Paprikapaste noch mit etwas Chiliöl schärfen.

Zum Gebrauch
Damit Sie Rezepte mit bestimmten Zutaten noch schneller finden können stehen in diesem Register zusätzlich auch beliebte Zutaten wie **Doraden** oder **Lachs** – ebenfalls alphabetisch geordnet und **hervorgehoben** – über den entsprechenden Rezepten.

DAS ORIGINAL MIT GARANTIE

Ihre Meinung ist uns wichtig. Deshalb möchten wir Ihre Kritik, aber auch Ihr Lob erfahren, um als führender Ratgeberverlag noch besser zu werden. Darum schreiben Sie uns! Wir freuen uns auf Ihre Post und wünschen Ihnen viel Spaß mit Ihrem GU-Ratgeber.

Unsere Garantie: Sollte ein GU-Ratgeber einmal einen Fehler enthalten, schicken Sie uns das Buch mit einem kleinen Hinweis und der Quittung innerhalb von sechs Monaten nach dem Kauf zurück. Wir tauschen Ihnen den GU-Ratgeber gegen einen anderen zum selben oder ähnlichen Thema um.

GRÄFE UND UNZER VERLAG

Redaktion Kochen & Verwöhnen

Postfach 86 03 13
81630 München
Fax: 0 89/4 19 81-113

oder schreiben Sie uns eine E-Mail an:
leserservice@graefe-und-unzer.de

Danke!

Vielen Dank folgenden Firmen: Lambert und Habitat, Arzberg, Dibbern, Robert Herder Mühlenmesser, Mercantile, iittala. Keramik: Rosemarie Dohmen, Düsseldorf

Programmleitung: Doris Birk
Leitende Redakteurin: Birgit Rademacker
Redaktion: Sabine Schlimm
Lektorat: Maryna Zimdars
Layout, Typografie und Umschlaggestaltung: independent Medien-Design, München
Satz: Liebl Satz+Grafik, Emmering
Herstellung: Martina Müller
Reproduktion: Repro Ludwig, Zell am See
Druck und Bindung: Appl, Wemding

ISBN (10) 3-8338-0306-1
ISBN (13) 978-3-8338-0306-2

Auflage	5.	4.	3.	2.	1.
Jahr	2010	09	08	07	06

GRÄFE UND UNZER
Ein Unternehmen der
GANSKE VERLAGSGRUPPE

Die Autorin

Marina Kittler ist Diplom-Oecotrophologin und hat ihre Leidenschaft zum Beruf gemacht. Als Food-Journalistin und -autorin versteht sie es, Genuss und gesunde Ernährung in leckere familien- und alltagstaugliche Rezepte umzusetzen. Fisch? Isst sie am liebsten mehrmals wöchentlich…

Die Fotografin

Margarete Janssen arbeitet als freie Fotografin für Werbung und Verlage, wobei Food-Aufnahmen zu ihren Lieblingsthemen gehören. Auf der Suche nach schönen Fischen lernte sie fast alle Düsseldorfer Fischhändler kennen. Bei diesem Buch sorgte sie auch für die passende Requisite und das Food-Styling.

Bildnachweis:

Titelbild: Joerg Lehmann;
alle anderen: Margarete Janssen

Titelbildrezept:

Rosmarin-Doraden mit Bohnensalat, Seite 50

GU-EXPERTEN-SERVICE

Haben Sie Fragen zu den Rezepten oder benötigen Sie weiteren Rat zum Thema? Dann schreiben Sie uns. Unsere Experten helfen Ihnen gerne weiter. Unsere Adresse finden Sie links.